BEI GRIN MACHT SICH IHR WISSEN BEZAHLT

- Wir veröffentlichen Ihre Hausarbeit, Bachelor- und Masterarbeit

- Ihr eigenes eBook und Buch - weltweit in allen wichtigen Shops

- Verdienen Sie an jedem Verkauf

Jetzt bei www.GRIN.com hochladen und kostenlos publizieren

Künstliche Immunsysteme für die Angriffserkennung in IT-Systemen

Lueder Thienken

Bibliografische Information der Deutschen Nationalbibliothek:

Die Deutsche Nationalbibliothek verzeichnet diese Publikation in der Deutschen Nationalbibliografie; detaillierte bibliografische Daten sind im Internet über http://dnb.d-nb.de abrufbar.

ISBN: 9783346845580
Dieses Buch ist auch als E-Book erhältlich.

© GRIN Publishing GmbH
Nymphenburger Straße 86
80636 München

Druck und Bindung: Books on Demand GmbH, Norderstedt Germany
Gedruckt auf säurefreiem Papier aus verantwortungsvollen Quellen

Das Buch bei GRIN: https://www.grin.com/document/1339415

Projektarbeit

Verbundstudiengang Wirtschaftsinformatik

Künstliche Immunsysteme
für die Angriffserkennung in IT-Systemen

vorgelegt von

Lüder Thienken

Studiengang

B.Sc. Wirtschaftsinformatik

8. Fachsemester

Köln, 10.04.2022

Zusammenfassung

IT-Sicherheitsforscher lassen sich auf der Suche nach verbesserten Sicherheits-lösungen auch von Prozessen aus der Natur inspirieren. Das biologische Immunsystem dient aufgrund seiner effizienten Schutzfunktionen als Inspirationsquelle für die Entwicklung von Künstlichen Immunsystemen. Diese Arbeit bietet eine einführende Darstellung der grundlegenden Prozesse des biologischen Immunsystems sowie deren Übertragbarkeit auf IT-Systeme. Nach einer Beschreibung der Funktionsweise von Intrusion Detection Systemen (IDS) sowie der biologischen und theoretischen Grundlagen von Immunsystemen werden einige Ansätze zur Implementierung Künstlicher Immunsysteme mit dem Schwerpunkt auf Klon-Selektionstheorie- sowie Negativselektion-basierte Modelle vorgestellt. Aufgrund des weit verzweigten Forschungsfeldes der Künstlichen Immunsysteme, dem begrenzten Rahmen dieser Arbeit und ihres einführenden Charakters werden nicht alle besprochenen Theorien durch beispielhafte Modelle veranschaulicht. Diese Arbeit ist daher als Einstieg und erste Annäherung an das Thema der Künstlichen Immunsysteme zu verstehen.

Inhaltsverzeichnis:

1. Einführung

Durch die Verbreitung des Internets und die voranschreitende Digitalisierung vieler Arbeitsprozesse und Lebensbereiche sind immer mehr IT-Systeme mit dem Internet verbunden und somit aus der Ferne angreifbar. Um die Sicherheit dieser Systeme und komplexer werdender Netzwerke zu erhöhen, arbeiten Forscher an der Entwicklung von Künstlichen Immunsystemen. Künstliche Immunsysteme sind anpassungsfähige Systeme, die durch beobachtete Immunfunktionen, -prinzipien und -modelle sowie die theoretische Immunologie inspiriert sind und unter Nutzung von maschinellem Lernen zur Problemlösung beitragen.[1]

In dieser Arbeit werden der aktuelle Forschungsstand zu Künstlichen Immunsystemen zur Angriffserkennung auf IT-Systeme und die Aussichten dieses Forschungsfeldes vorgestellt. Dazu wird im folgenden Kapitel die Funktionsweise von Intrusion Detection Systemen (IDS) erläutert. Anschließend werden in Kapitel drei die biologischen und theoretischen Grundlagen von Künstlichen Immunsystemen zur Stärkung von IDS dargestellt und in Kapitel vier verschiedene Ansätze zur Anwendung der theoretischen Grundlagen beschrieben. Schließlich werden in Kapitel fünf die Aussichten dieses Forschungsfeldes dargestellt.

2. Funktionsweise von Intrusion Detection Systemen (IDS)

Eine Möglichkeit, Angriffe von innerhalb und außerhalb eines Netzwerkes zu detektieren, sind Intrusion Detection Systeme (IDS). Ein IDS kann als Software oder Soft-Hardwarekombination implementiert werden. Es überwacht ein Netzwerk oder einen Host, zeichnet den Datenverkehr auf und wendet Algorithmen zur Erkennung von Irregularitäten an. Bei der Identifikation eines potentiellen Angriffes wird ein Warnsignal ausgelöst, bspw. mittels einer E-Mail oder Textnachricht an den verantwortlichen Sicherheitsbeauftragten. Eigene Schritte zur Begrenzung der

---

[1] vgl. De Castro, L.N. & J. Timmis (2002): S.57-58

Auswirkungen eines potentiellen Angriffes werden von einem IDS nicht eingeleitet. Hierzu bedarf es des Einsatzes eines Intrusion Prevention Systems (IPS).[2]

In diesem Kapitel werden Charakteristiken eines IDS vorgestellt. Zunächst wird nach Art der Angriffserkennung zwischen Signaturen- und Anomalie-basiert differenziert. Im Anschluss wird auf verschiedene Möglichkeiten der Lokalisierung bei der Implementierung eingegangen.

2.1. Signaturen-basiert vs. Anomalie-basiert

Experten unterscheiden zwischen Signaturen-basierten IDS und Anomalie-basierten IDS, wobei auch Hybride bestehen. In ersterem wird die bei vorherigen Angriffen detektierte Bitfolge von Schadsoftware-Datenpaketen in einer Datenbank als sogenannte Signatur gespeichert. Diese Signaturen werden mit im Netzwerk auftretenden Paketmustern verglichen. Bei Übereinstimmungen wird ein Warnsignal ausgelöst. Die meisten Computer sind durch ein Antivirenprogramm mit einem Signaturen-basierten IDS ausgestattet.

Anomalie-basierte IDS hingegen vergleichen den auftretenden Netzwerkdatenverkehr mit dem bei durchschnittlichem Nutzerverhalten zu erwartenden Netzwerkdatenverkehr und lösen ein Warnsignal bei starken bzw. auffälligen Abweichungen aus. Hierbei werden statistische Methoden und maschinelles Lernen eingesetzt. Der Vorteil der Anomalie-basierten IDS ist, dass auch zuvor unbekannte Angriffsmuster erkannt werden, da vorab kein Pool kritischer Signaturen definiert werden muss. Jedoch ist die Definition normalen Nutzerverhaltens eine große Herausforderung.

Anomalie-basierte IDS wurden vielmals mit Ansätzen aus Natur-Beobachtungen weiterentwickelt, mit dem Ziel, natürliche Prozesse oder das Verhalten von Organismen aufgrund ihrer Effektivität nachzuahmen. Insbesondere die Funktionsweise des natürlichen Immunsystems wird als Inspirationsquelle für die Entwicklung

---

[2] vgl. Dutt, I., Borah, S. & I.K. Maitra (2016): S.19; vgl. Bejoy, B.J. & Dr. S. Janakiraman (2017): S.85-86; vgl. Aickelin, U. & D. Dasgupta (2005): S.7

Künstlicher Immunsysteme genutzt.[3] Dabei ist der angeborene Teil des Immun-systems vergleichbar mit dem Signaturen-basierten System, da hier bereits beim ersten Aufeinandertreffen Eindringlinge bzw. Schadsoftware erkannt und neutralisiert werden können. Die adaptive Immunabwehr hingegen entspricht dem Anomalie-basierten System, da in diesem System als Reaktion auf neue, unbekann-te Eindringlinge das Set der Detektoren automatisch angepasst und erweitert wird, so dass zukünftige Angriffe mit ähnlichen Charakteristiken schneller erkannt werden und effektiver, entsprechend dem Signaturen-basierten System, reagiert werden kann.[4]

Signaturen-basierte IDS werden häufig in kommerziellen Systemen eingesetzt, da sie sehr niedrige Falsch-Positiv-Raten haben, wobei ein Positiv-Fall ein erkannter Angriff und ein Falsch-Positiv-Fall ein irrtümlich als Angriff gewertetes Ereignis darstellt. Eine niedrige Rate bedeutet, dass unkritische Aktionen selten Warnsignale auslösen. Jedoch haben Signaturen-basierte IDS eine hohe Falsch-Negativ-Rate, da sie neuartige und individualisierte Angriffe (Negativ-Ereignisse) nicht detektieren.

Anomalie-basierte IDS hingegen detektieren neuartige Angriffe, führen jedoch zu einer hohen Anzahl an Falsch-Positiv-Reaktionen, da die Definition von unkritischen Aktionen über die Analyse des normalen Nutzerverhaltens schwierig ist und dieses sich zudem im Zeitverlauf dynamisch verändern kann.[5]

2.2. Host-basiert vs. Netzwerk-basiert

Eine weitere Differenzierung von IDS wird anhand ihrer Lokalität im System vorgenommen. Host-basierte IDS laufen auf einzelnen Hosts, die überwacht werden sollen, und zeichnen dort Protokolldateien, den Netzwerkdatenverkehr zu und vom Host und im Host ablaufende Prozesse auf. Vorteile dieser Konfiguration sind die Identifizierung unberechtigter Rechteausweitungen, lokal begrenzter und verschlüsselter Angriffe sowie die Bewertung der Wirksamkeit von Angriffen. Als

---

[3] vgl. Dutt, I., Borah, S. & I.K. Maitra (2020a): S.34929; vgl. Bejoy, B.J. & Dr. S. Janakiraman (2017): S.86; vgl. Dutt, I., Borah, S. & I.K. Maitra (2016): S.19; vgl. Mostardinha, P. et al. (2012): S.178; vgl. Jun Fu et al. (2012): S.125; bzgl. der Schwierigkeiten der Definition normalen Verhaltens s. Mohammadi, M. et al. (2012): S.208
[4] vgl. Kim, J. et al. (2007): S.414; vgl. Dutt, I., Borah, S. & I.K. Maitra (2016): S.19
[5] vgl. Kim, J. et al. (2007): S.415

Nachteile sind der große Einrichtungs- und Verwaltungsaufwand bei einer hohen Zahl an Hosts sowie das Nicht-Erkennen von koordinierten Angriffen auf mehrere Hosts eines Netzwerkes zu nennen.

Netzwerk-basierte IDS hingegen laufen auf einer separaten Maschine, dem sog. Sensor, und überwachen den gesamten Netzwerkdatenverkehr. Konträr zu dem Host-basierten System liegen ihre Stärken in einem geringen Implementierungs- und Verwaltungsaufwand sowie der simultanen Überwachung einer großen Anzahl an Hosts, wodurch koordinierte Angriffe auf diese erkannt werden können. Ihre Schwächen liegen in der Nicht-Erkennung, ob ein Angriff erfolgreich war sowie in der Wirkungslosigkeit gegenüber lokalen oder verschlüsselten Angriffen. Hybride Systeme, die die Vorteile beider Ansätze verbinden und sowohl Host- als auch Netzwerk-basierte Komponenten aufweisen, bieten den besten Schutz.[6]

3. Künstliche Immunsysteme als Ergänzung von IDS: Grundlagen und existierende Ansätze

Die Gründe für das Interesse am Transfer von Eigenschaften des biologischen Immunsystems auf ein Netzwerksicherheitskonzept liegen u.a. in dessen autarker Funktionsweise, der Anpassung durch Mutation sowie dem Lernen durch das Immun-Gedächtnis, die in Verbindung mit den Prozessen des maschinellen Lernens ein autark und schnell agierendes System zur Angriffserkennung ermöglichen sollen.[7]

Die theoretische Basis für die Entwicklung Künstlicher Immunsysteme wird in den folgenden Abschnitten anhand der Grundlagen der biologischen Immunabwehr, der Klon-Selektionstheorie, der Negativselektion, der Immun-Netzwerktheorie sowie der Gefahren-Theorie näher beschrieben.

---

[6] vgl. Kim, J. et al. (2007): S.416; vgl. Timmis, J. et al. (2004): S.82; zur Einrichtung eines Künstlichen Immunsystems s. Aickelin, U. & D. Dasgupta (2005): S.9-12
[7] vgl. Timmis, J. et al. (2008): S.12; Timmis, J. et al. (2004): S.51f.

3.1. Grundlagen der biologischen Immunabwehr

Die Hauptaufgabe des Immunsystems ist es, einen biologischen Organismus vor Infektionskrankheiten durch Erreger wie Viren, Bakterien, Pilze oder andere Parasiten zu schützen. Dabei wird der Schutzmechanismus durch das Aufspüren körperfremder Moleküle, sog. Antigene, aktiviert. Antigene sind Substanzen wie Toxine oder Enzyme, von denen sich teilweise identische Zusammensetzungen in unterschiedlichen Eindringlingen aufspüren lassen und sich somit mehrere verschiedene Erreger bei einer späteren Wiedererkennung identifizieren lassen.[8]

In Immunsystemen bestehen Abwehrmechanismen auf mehreren Ebenen. Eine erste physische Barriere für eindringende Mikroorganismen stellen die Haut, der Schweiß, Speichel und Tränen, schützende Enzyme und die Magensäure dar. Diese Barriere ist vergleichbar mit einer Firewall-Software in IT-Systemen, welche den sie durchlaufenden Datenverkehr überwacht und anhand festgelegter Regeln über das Durchlassen von Datenpaketen entscheidet.

Im biologischen Organismus wird anschließend zwischen der angeborenen und der adaptiven Immunabwehr unterschieden. Die angeborene Immunabwehr reagiert sehr schnell auf weit verbreitete und daher bekannte und genetisch gespeicherte Krankheitserreger. Die den Anomalie-basierten Künstlichen Immunsystemen entsprechende adaptive Immunabwehr hingegen reagiert auf neue Eindringlinge, die von der angeborenen Immunabwehr nicht erkannt werden und entwickelt erst noch eine Gegenreaktion. Diese kann anschließend jedoch gespeichert und bei erneutem Auftreten der Eindringlinge ebenfalls schnell abgerufen werden.

In den folgenden Abschnitten werden die für die adaptive Immunabwehr entscheidenden B- und T-Lymphozyten sowie Theorien zur Entstehung des Immungedächtnisses vorgestellt. Zudem folgt eine Darstellung der Übertragbarkeit dieser Erkenntnisse auf IT-Systeme.

---

[8] vgl. Timmis, J. et al. (2004): S.54-55

3.1.1 B-Lymphozyten und T-Lymphozyten

Dezisiv für das adaptive Immunsystem sind die Lymphozyten. Es wird zwischen B-Lymphozyten (B-Zellen) und T-Lymphozyten (T-Zellen) unterschieden. B-Zellen und T-Zellen entstehen im Knochenmark. T-Zellen reifen anschließend im Thymus, wo sie den Unterschied zwischen körpereigen und körperfremd erlernen. T-Zellen, die auf körpereigene Zellen reagieren, werden nicht ausgereift.[9]

B-Zellen produzieren und veräußern einen bestimmten Antikörper, d.h. spezifische Proteine, die sich an Antigene im Blutkreislauf binden können. Bindet sich ein Antikörper an ein sich auf der Oberfläche der eindringenden Organismen befindliches Antigen, ist dies für andere Bestandteile des Immunsystems ein Zeichen dafür, dass dieser Organismus zerstört werden muss.[10] Der Fremdkörper wird entweder zu größeren Einheiten verbunden und schließlich von Phagozyten wie Makrophagen oder Neutrophilen verschlungen oder er löst sich durch einen chemischen Prozess auf. Hierbei entsteht eine Rötung.

T-Zellen manifestieren sich auf verschiedene Weisen: T-Helferzellen, welche die B-Zellen aktivieren oder die Produktion von Gedächtnis-Lymphozyten unterstützen können, T-Killerzellen, welche sich an Fremdkörper binden und giftige Chemikalien in diese injizieren sowie regulatorische T-Zellen, welche andere Immunzellen hemmen können und somit allergischen Reaktionen und Autoimmunerkrankungen entgegenwirken.

3.1.2 Das Immungedächtnis

Zur Entstehung des Immungedächtnisses muss angemerkt werden, dass das Immunsystem hochkomplex ist und seine Wirkungsweisen noch nicht vollständig geklärt sind. Es gibt zwei Ansätze, das Gedächtnis des Immunsystems zu erklären: (1.) durch Klonen und anschließende Selektion und (2.) durch ein Immun-Netzwerk.

Die (1.) These beschreibt die Produktion von Antikörpern durch B-Zellen, sobald das Immunsystem mit bestimmten Antigenen konfrontiert wird. Durch Mutation ent-

---

[9] vgl. Al-Sharhan, S. (2010): S.118-119; vgl. Dutt, I., Borah, S. & I.K. Maitra (2016): S.20; vgl. Timmis, J. et al. (2004): S.55-56; vgl. Dutt, I., Borah, S. & I.K. Maitra (2020a): S.34930
[10] vgl. Aickelin, U. & D. Dasgupta (2005): S.3

steht eine breite Palette an sich ähnelnden Antikörpern. Zellteilung der B-Zellen führt im Anschluss zur Entstehung von Gedächtniszellen, welche die Information über die generierten Antikörper über mehrere Jahre bis lebenslang konservieren können. Dadurch kann das Immunsystem bei erneuter Konfrontation mit entsprechenden Antigenen unmittelbar reagieren.

Die (2.) These, entwickelt von Jerne (1974)[11], wird als Immun-Netzwerktheorie bezeichnet. Diese beschreibt sich gegenseitig stimulierende B-Zellen, wodurch ein dauerhaftes Vorhandensein der spezifischen Antikörper simuliert wird. Intensive gegenseitige Stimulation führt dabei zu einer hohen Konzentration an Antikörpern, eine geringe Stimulation dagegen zu einer sukzessiven Reduktion.[12]

3.1.3 Übertragbarkeit auf IT-Systeme

Folgende Eigenschaften des natürlichen Immunsystems sind für Sicherheitsforscher besonders interessant:

- Immun-Gedächtnis: führt zu einer schnelleren Reaktion bei Wiederauftreten eines (ähnlichen) Fremdkörpers
- dezentrale Reaktion: es gibt keine zentrale Steuerungseinheit
- Selbst-Nicht-Selbst-Unterscheidung: Fremdkörper werden vom Selbst unterschieden und zerstört
- Selbstverstärkung: je stärker der Angriff, desto stärker die Reaktion.[13]

Diese Charakteristiken werden in den in Kapitel vier beschriebenen Modellaufbauten zu replizieren versucht.

Insbesondere die oben bereits erwähnten Theorien zur Klon-Selektion, zur Negativselektion und zu den Immun-Netzwerken haben in Überlegungen zu Künstlichen Immunsystemen Eingang gefunden und wurden in verschiedenen Algorithmen in

---

[11] Jerne, N. (1974)
[12] vgl. Timmis, J. et al. (2004): S.56-57
[13] vgl. Bejoy, B.J. & Dr. S. Janakiraman (2017): S.87; bei vertieftem Interesse für Anforderungen eines effektiven IDS und deren Erfüllung durch Eigenschaften des Immunsystems s. auch Kim, J. et al. (2007): S.416-419.

einer Vielzahl von Anwendungsgebieten verwendet.[14] Dabei werden Klon-Selektion und Immun-Netzwerke insbesondere aufgrund ihrer Lern- und Gedächtnis-Mechanismen eingesetzt. Das Negativselektion-Prinzip dient hingegen vorrangig der Erzeugung von Detektoren, welche den Unterschied und Verschiebungen zwischen Selbst und Nicht-Selbst diagnostizieren.[15] Aufgrund ihrer unterschiedlichen Eigenschaften und Stärken, werden häufig hybride Systeme aus den drei Ansätzen erstellt. Zudem erfuhr die sog. Gefahren-Theorie immer stärkeres Interesse, da sie Schwächen in der Unterscheidung von Selbst und Nicht-Selbst durch das Integrieren eines Gefahren-Signals entgegenwirkt. In den folgenden Abschnitten sollen diese vier Ansätze näher beschrieben werden.

3.2. Klon-Selektionstheorie

Die Klon-Selektionstheorie erklärt die Reaktion des adaptiven Teils des Immun-systems auf Antigene und wurde von Burnet (1959)[16] verbreitet. Sie wirkt bei B- und T-Zellen und besagt, dass Zellen, die Antigene erkennen, vervielfältigt, andere, nicht aktivierte Zellen, dagegen vernichtet werden. Sobald sich ihre Antikörper an ein Antigen binden, werden B-Zellen aktiviert und geklont. Während des Klonens werden sie einer sog. somatischen Hypermutation unterzogen, bei der neben dem identischen Klonen durch Mutationen auch Abweichungen und somit eine heterogene B-Zellen Population erzeugt wird. Diese Funktionsweise bereitet das Immunsystem auch auf vergleichbare Eindringlinge vor. Neue B-Zellen, welche das Selbst angreifen, werden vernichtet (s. folgenden Abschnitt zu Negativselektion). Schließlich differenzieren sich die Klone in Plasma- und langlebige Gedächtniszellen. Die Plasmazellen produzieren daraufhin spezifische Antikörper, welche das Antigen bekämpfen. Die Gedächtniszellen verbleiben im Organismus

---

[14] vgl. Dasgupta, D. (2006): S.42; vgl. Timmis, J. et al. (2008): S.11; vgl. Aickelin, U. & D. Dasgupta (2005): S.5; vgl. Al-Sharhan, S. (2010): S.118
[15] Vgl. Timmis, J. et al. (2008): S.12
[16] Burnet, F.M. (1959)

und führen bei erneutem Auftreten der Antigene zu einer schnellen Immunreaktion (s. Abb. 1).[17] [18]

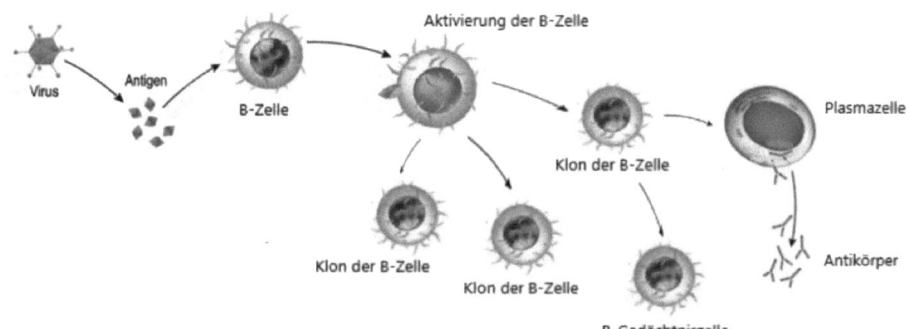

Abb. 1: Aktivierung einer B-Zelle (adaptiert von:
https://de.123rf.com/photo_84931037_aktivierung-von-b-zell-leukozyten-lymphoblast-
aktivierung-b-zelle-ged%C3%A4chtnis-virus-plasmazelle-antik%C3%B6rper.html)

De Castro und von Zuben[19] entwickelten einen auf die Klon-Selektion und Ähnlichkeit aufbauenden Algorithmus namens CLONALG. Das folgende Schaubild (Abb. 2) zeigt den Pseudocode, durch welchen Detektoren aufgrund von Passgenauigkeit zum Fremdkörper geklont werden. Eingabeparameter sind Ähnlichkeit, Ähnlichkeits-Schwellwerte und die Gesamtgröße der Population.[20]

---

[17] vgl. Al-Sharhan, S. (2010): S.119; vgl. Timmis, J. et al. (2008): S.12-13; vgl. Aickelin, U. & D. Dasgupta (2005): S.6-7 u. S.14; für eine detailliertere Beschreibung der Klonalen Selektion s. Timmis, J. et al. (2004): S.58 u. 62
[18] für eine detailliertere Beschreibung der Prozesse des Immunsystems, auch bzgl. Signalgebungen, siehe Kusyk, J., Uyar, M.U. & C.S. Sahin (2018): S.108.
[19] De Castro, L.N. & F.J. von Zuben (2002)
[20] vgl. Bejoy, B.J. & Dr. S. Janakiraman (2017): S.87-88; vgl. Dasgupta, D. (2006): S.43

```
Input: Detector Set(DS), Affinity Threshold(AT), Total Population(TP)
Output: Cloned Population
        Begin
                For each Detector ε DS
                Affinity(Detector);
                End
                If Affinity>=AT
                        If N (No of Detectors) <TPS)
                        CloneDetector ();
                        End If
                End If
                End
        End
```

Abb. 2: Pseudocode für Klon-Selektion (entnommen aus: Bejoy, B.J. & Dr. S. Janakiraman (2017): S.88)

3.3. Theorie der Negativselektion

Forrest et al. festigten das Forschungsfeld der Künstlichen Immunsysteme durch die Anwendung der Negativselektion zum Schutz von Computernetzwerken vor Viren[21].[22] Der Prozess der Negativselektion schützt den Körper vor Angriffen eigener Lymphozyten. Während der Reifung von mutierten T-Zellen im Thymus werden diese auf die Reaktion auf das Selbst (auf körpereigene Proteine) hin getestet. Reagieren sie aggressiv auf eigene Gewebestrukturen, werden sie zerstört. Nur T-Zellen, welche das Selbst tolerieren, werden nach der Reifung aus dem Thymus entlassen, zirkulieren im Körper und schützen diesen vor Antigenen.[23]

Der erste Negativselektion-Algorithmus wurde von Forrest et al.[24] eingeführt. Durch Mutation werden willkürlich Detektoren erzeugt. Detektoren, welche auf das Selbst, also normale, erwartbare Daten reagieren, werden eliminiert. Ansonsten werden sie

---

[21] Forrest, S. et al. (1994)
[22] vgl. Haidar, A.A. et al. (2013): S.1207
[23] vgl. Aickelin, U. & D. Dasgupta (2005): S.6; vgl. Al-Sharhan, S. (2010): S.119; vgl. Dasgupta, D. (2006): S.43; vgl. Timmis, J. et al. (2008): S.13
[24] Forrest, S. et al. (1994)

in das Detektoren-Set aufgenommen. Reagieren diese Detektoren anschließend auf ein Datenpaket, ist dies ein Hinweis auf eine Anomalie.[25]

Der Algorithmus durchläuft drei Phasen:

(1) die Definition des Selbst: der Datenaustausch und die Ressourcennutzung bei durchschnittlichem Nutzerverhalten werden aufgezeichnet und dienen fortan als Orientierung zur Messung von Abweichungen.

(2) die Erzeugung eines Detektoren-Sets: eine große Anzahl von Signaturen wird erzeugt und mit dem auftretenden Netzwerkdatenverkehr abgeglichen. Diejenigen Signaturen, die auf Datenmuster des definierten Selbst reagieren, werden entfernt. Die verbleibenden Signaturen werden aktiviert, fungieren fortan als Detektoren und lösen bei der Detektion ungewöhnlicher Signaturen ein Warnsignal aus.

(3) die Überwachung: der Netzwerkdatenverkehr wird konstant auf Anomalien geprüft.[26]

Abbildungen 3 und 4 beschreiben den Pseudocode sowie die wichtigsten Schritte der Negativselektion.

[25] vgl. Bejoy, B.J. & Dr. S. Janakiraman (2017): S.88; vgl. Dasgupta, D. (2006): S.43; für Informationen zu Performance-Abhängigkeiten und den Grenzen der Negativselektion s. Dasgupta, D. (2006): S.44
[26] vgl. Kim, J. et al. (2007): S.425

```
Input: Self Set
Output: Final Detector Set(FDS)
        Begin

                Randomly create Detectors
                DS←RandomDetectors ();
                For each Detector ε DS do
                        If Detector Matches Self Set, then
                        Eliminate the Detector;
                        End If
                        Else
                        Add the detector to FDS;
                        End

                End
        End
```

Abb. 3: Pseudocode der Negativselektion (entnommen aus Bejoy, B.J. & Dr. S. Janakiraman (2017): S.89)

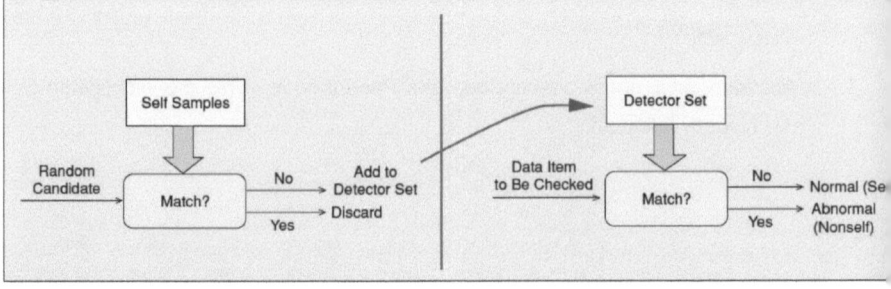

Abb. 4: wichtigste Schritte des Negativselektion-Algorithmus (entnommen aus Dasgupta, D. (2006): S.43)

Die Negativselektion erweitert IDS v.a. durch folgende Eigenschaften:

- Zuvor unbekannte Angriffsmethoden können erkannt werden.
- Die Dichte der Detektoren kann graduell bestimmt werden. Dies ermöglicht eine Abwägung zwischen Angriffserkennungsrate und angemessenen Kosten der Überwachung, bspw. für Speichermedien oder Rechenleistung.
- Die Detektoren arbeiten unabhängig voneinander, d.h. es ist keine zentrale Steuerungseinheit oder Kommunikation untereinander nötig.

- Die Erkennung ist lokal, dadurch werden auch geringfügige Veränderungen wahrgenommen und der Ort der Anomalie ist bekannt.
- Das Detektoren-Set kann auf jedem Host einzigartig sein. Dies erschwert es Angreifern, nach erfolgreichem Eindringen in einen Host in weitere Hosts des Netzwerkes vorzudringen und erhöht somit die Robustheit des IDS.[27]

3.4. Immun-Netzwerktheorie

Die Immun-Netzwerktheorie wurde Mitte der 1970er Jahre von Jerne[28] vorgestellt. Sie besagt, dass das gesamte Immunsystem ein Netzwerk aus idiotypischen B-Zellen unterhält, welche miteinander verbunden sind, das Gedächtnis des Immunsystems bilden und Antigene aufspüren können. Diese B-Zellen stimulieren und unterdrücken sich gegenseitig, wodurch ein stabiles Netzwerk entsteht, in dem Informationen erhalten bleiben.[29] Das Netzwerk wird durch die Verbindungsfähigkeit von auf B-Zellen befindlichen Antikörpern ermöglicht. Sog. Paratopen verbinden sich mit auf den Antikörpern anderer B-Zellen befindlichen Idiotypen. Dabei werden beide B-Zellen stimuliert, da eine Wirkung entsteht, als wäre die B-Zelle auf ein Antigen getroffen und ihr Antigen-spezifisches Gedächtnis bleibt erhalten. Gleichzeitig hemmen sich die B-Zellen durch ihre Nähe zueinander gegenseitig, so dass keine Antikörper produziert werden (s. Abb. 5).[30]

Die Abbildung wurde aus urheberrechtlichen Gründen von der Redaktion entfernt.

Abb. 5: Netzwerk aus idiotypischen B-Zellen (entnommen aus https://www.researchgate.net/figure/Jernes-Idiotypic-Network-Hypothesis_fig2_239560765)

---

[27] vgl. Kim, J. et al. (2007): S.425-426
[28] Jerne, N. (1974)
[29] vgl. Aickelin, U. & D. Dasgupta (2005): S.6; vgl. Bejoy, B.J. & Dr. S. Janakiraman (2017): S.89, vgl. Kim, J. et al. (2007): S.418
[30] vgl. Timmis, J. et al. (2008): S.13; für Informationen zum Prozess des B-Zellen-Klonens s. Dasgupta, D. (2006): S.42-43

Mitte der 1980er Jahre begannen Farmer et al.[31], Jernes[32] Immun-Netzwerktheorie auf IT-Systeme zu projizieren. Immun-Netzwerk-Algorithmen haben zwei Haupt-bestandteile; ein System von Differential-Gleichungen oder Differenz-Gleichungen, welche die Interaktionen und ihre zeitliche Entwicklung in einem Netzwerk beschreiben, sowie ein Regelwerk zum Modifizieren oder Aktualisieren der Interak-tionsstärken und der autonomen Software sowie Computersysteme im Netzwerk.[33] Zur Aktualisierung ihrer Populationen, d.h. ihres Pools an Lösungen, beinhalten nahezu alle Immun-Netzwerk-Algorithmen zudem eine Form der Klon-Selektion.[34]

3.5. Gefahren-Theorie

Die Gefahren-Theorie von P. Matzinger[35] resultiert aus dem Problem, dass über-wiegend zwischen Selbst und Nicht-Selbst differenziert werden kann, jedoch auch schädliches Selbst sowie harmloses Nicht-Selbst existiert und daher weitere Kriterien für eine angemessene Reaktion nötig sind. Die Gefahren-Theorie ergänzt das Immunsystem durch Gefahrensignale, welche durch Schäden an oder den unnatürlichen Tod von Zellen ausgelöst werden. Sendet eine Zelle aufgrund eines Angriffs Warnsignale aus, wird das Immunsystem aktiviert, die Eindringlinge werden bspw. durch in der Nähe befindliche Makrophagen neutralisiert und ihre Antigene im Lymphknoten den Lymphozyten präsentiert, wodurch diese nach Reifung entsprechende Antikörper ausbilden (s. Abb. 6).

---

[31] Farmer, J., Packard, N. & A. Perelson (1986)
[32] Jerne, N. (1974)
[33] vgl. Timmis, J. et al. (2008): S.23
[34] vgl. Timmis, J. et al. (2008): S.19
[35] Matzinger, P. (1994); Matzinger, P. (2001)

Die Abbildung wurde aus urheberrechtlichen Gründen von der Redaktion entfernt.

Abb. 6: Entstehung von Gefahrensignalen (adaptiert von:
https://www.researchgate.net/figure/Danger-and-stranger-models-Notes-A-Infections-of-pathogenic-bacteria-or-viruses-cause_fig2_263475706)

Die Warnsignale führen zudem zu einer Gefahrenzone, in der evtl. bereits existierende B-Zellen, welche den Antigenen entsprechende Antikörper produzieren, stimuliert und geklont werden. Nicht komplementäre oder zu weit entfernt befindliche B-Zellen werden dagegen nicht stimuliert. Die Art des Gefahrensignals ist noch offen. In Frage kommen sowohl positive Signale, wie etwa ein Proteinausstoß durch einen Hitzeschock, als auch negative Signale, wie etwa ein Mangel an normaler Aktivität.[36]

Neuere Theorien gehen von Dendritischen Zellen aus, welche Bestandteil der ange-borenen Immunabwehr sind und gefährliche oder nicht normale Ereignisse durch Analyse des Kontextes erkennen.[37] Aus dieser Theorie wurde der Dedritische-Zell-Algorithmus entwickelt. Dieser Algorithmus durchläuft vier Phasen:

(1) eine Initialisierungsphase, charakterisiert durch eine Reduktion der berücksichtigten Einflussfaktoren, deren Kategorisierung sowie Zuordnung zu bestimmten Signalen,

(2) eine Detektionsphase mit dem Aufbau einer Signal-Datenbank,

(3) eine Analyse der Kontexte der in der Detektionsphase identifizierten Signale und

(4) eine Klassifizierung von Angriffen anhand ihrem Maß an Abnormalität.[38]

---

[36] vgl. Aickelin, U. & D. Dasgupta (2005): S.20-21
[37] vgl. Timmis, J. et al. (2008): S.29
[38] vgl. Aldhaheri, S. et al. (2020): S.6; Aldhaheri, S. et al. (2020) beschreiben zudem einen weiterentwickelten DeepDCA Algorithmus zur Erkennung von Angriffen auf IoT-Geräte (vgl. Aldhaheri, S. et al. (2020): S.2 u. S.18); für weitere Informationen zu der Funktionsweise von Dendritischen Zellen s. auch Read, M., Andrews, P. & J. Timmis (2012)

Neben dem Ansatz der Unterscheidung von Selbst und Nicht-Selbst ist mit den Gefahren-Signalen ein zweiter Ansatz Künstlicher Immunsysteme entstanden. Ein entscheidender Unterschied zu anderen Theorien zur Erklärung des Immunsystems besteht hierbei in dem Auslösen einer Immunreaktion durch die Aussendung von Signalen direkt angegriffener Zellen und nicht durch die Reaktion von Immunzellen auf vorhandene Antigene.[39]

Weitere Studien müssen prüfen, was den Vorteil der Definition eines Gefahren-signals gegenüber der Definition des Nicht-Selbst darstellt und ob nicht lediglich eine Änderung in der Terminologie stattfand. Ein passend definiertes Gefahren-signal reduziert die Größe des zu prüfenden Bereichs, da nicht das komplette Komplementär zum Selbst erkannt werden muss, sondern nur ein definiertes Set an Gefahrensignalen. Zudem ist die Anpassung an Änderungen des Selbst leichter möglich, da lediglich Änderungen in der Beschaffenheit der Gefahrensignale rele-vant sind. Die Herausforderung liegt jedoch in der Definition passender Gefahren-signale.[40] Aickelin und Cayzer stellen in einer Publikation mögliche Gefahrensignale vor, darunter ungewöhnlich geringe bzw. hohe Nutzung von Speicherplatz sowie eine ungewöhnliche Häufigkeit von Datei-Änderungen.[41]

4. Künstliche Immunsysteme als Ergänzung von IDS: Theoretische Anwendung und aktuelle Forschungsschwerpunkte

In einem Künstlichen Immunsystem repräsentieren Antigene die auftretenden An-griffe während Antikörper diese Angriffe neutralisieren sollen. Antikörper werden durch Algorithmen generiert. Funktionierende Lösungen werden, entsprechend den Gedächtniszellen in einem natürlichen Immunsystem, in einer Datenbank gespei-chert, um bei repetitiven Angriffen schnell abrufbar zu sein. Anhand eines Training-Sets kann eine Wirkung ähnlich einer Impfung entstehen.[42] In den folgenden Kapiteln werden verschiedene wissenschaftliche Ansätze für die Umsetzung von Künstlichen Immunsystemen vorgestellt. Für eine erste Annäherung an das Thema

---

[39] vgl. Hosseinpour, F. et al. (2013): S.206-207
[40] vgl. Aickelin, U. & D. Dasgupta (2005): S.22
[41] vgl. Aickelin, U. & S. Cayzer (2002): S.6
[42] vgl. Shivers, M., Llanes, C. & M. Sherman (2019): S.12

wurden der Literatur hierzu besonders anschauliche Beispiele entnommen. Tabelle 1 gibt einen Überblick über die Charakteristiken der im Folgenden beschriebenen Modelle.

	4.1.	4.2.	4.3.a	4.3.b	4.4.
Signaturen-basierte Elemente		x	x	x	
Anomalie-basierte Elemente	x	x	x	x	x
Host-basiert	x	x	x	x	x
Netzwerk-basiert		x			x
Zentrale Maschine vorhanden	x	x		x	x
(Nicht-)Selbst Unterscheidung	x	x		x	x
Klon-Selektionstheorie	x	x		x	
Negativselektion	x	x			x
Immun-Netzwerktheorie					
Gefahren-Theorie					
Gedächtnis	x	x	x	x	x

Tabelle 1.: Charakteristiken der in dieser Arbeit vorgestellten Modelle (eigene Darstellung)

Zunächst wird ein von Hosseinpour, F. et al. beschriebenes Modell (4.1.) vorgestellt, welches Host-basiert implementiert, über eine zentrale Maschine zur Datenanalyse verfügt und sich Algorithmen der Klon-Selektionstheorie sowie der Negativselektion bedient. Anschließend wird eine von Dutt, I., Borah, S. & I.K. Maitra entworfene Modellstruktur (4.2.) mit mehreren Modulen in zwei Schichten vorgestellt, welche ähnliche Charakteristiken wie das von Hosseinpour, F. et al. beschriebene Modell aufweist, sich jedoch in der Struktur stark unterscheidet und zudem auch als Netzwerk-basierte Implementierung möglich ist. Darauf folgend werden alternative Modelle von Dutt, I., Borah, S. & I.K. Maitra sowie Kephart (4.3.) vorgestellt, in denen Datei-Endungen als Indikator für die Reaktion des IDS herangezogen werden. Schließlich wird das von Hofmeyr und Forrest entworfene Lightweight Immune SYStem (LISYS) dargestellt (4.4.), welches sowohl in Hosts als auch im Netzwerk implementiert werden kann, über eine zentrale Maschine verfügt und den Algorithmus der Negativselektion nutzt.

4.1. Agenten in Hosts und in zentraler IDS Maschine

Hosseinpour, F. et al. (2013) präsentieren ein verteiltes Multi-Agenten-basiertes IDS, in dem eine zentrale IDS Maschine im Gateway eines LANs verortet ist und durch in den Hosts des Netzwerks befindliche Detektoren-Sensoren ergänzt wird (s. Abb. 7). Durch die örtliche Verteilung der Detektoren und der geringeren zu prüfenden lokalen Datenmenge wird die Zeit bis zum Aufdecken von Anomalien reduziert. Die zentrale Maschine scannt daher nicht den gesamten Datenverkehr, sondern analysiert lediglich die an sie gemeldeten Anomalien.[43]

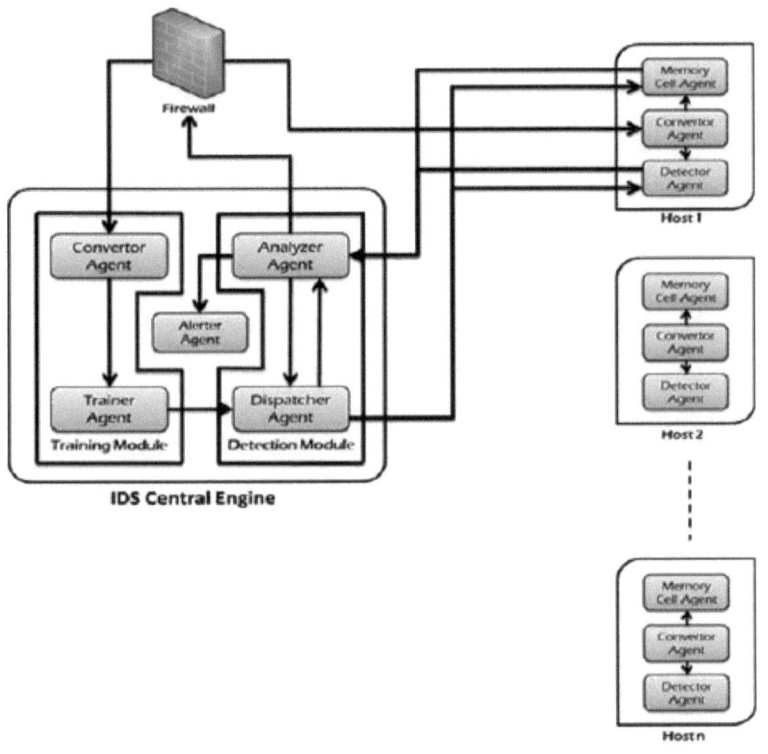

Abb. 7: mögliche IDS-Architektur (entnommen aus Hosseinpour, F. et al. (2013): S.208)

---

[43] vgl. Hosseinpour, F. et al. (2013): S.207-208

Die zentrale IDS Maschine besteht aus dem Trainings- sowie dem Detektionsmodul. Diese beiden Module haben vier Hauptaufgaben:

- Die primären Detektoren trainieren
- Die erhobenen Daten analysieren
- Gedächtniszellen-Detektoren erzeugen
- Die Verteilung und Synchronisation des Detektoren-Sets in jedem Host.

In beiden Modulen übernehmen Software-Agenten, also Computerprogramme, das zu einem gewissen eigenständigen und eigendynamischen Verhalten fähig sind, spezifische Aufgaben. Das Trainingsmodul trainiert das erste willkürliche Detektoren-Set eines IT-Systems und beinhaltet einen Converter-Agenten, in dem die Inhalte aller Netzwerkpakete für einen erleichterten Abgleich in binäre Strings umgewandelt werden, sowie einen Trainer-Agenten, in dem ein Negativselektion-Algorithmus angewendet wird. In dem Detektionsmodul hingegen wirken ein Dispatcher-Agent, welcher die Detektoren-Sets an alle Hosts verteilt und dort synchronisiert sowie ein Analyzer-Agent, welcher die von den Hosts gesendeten Daten analysiert und gegebenenfalls Gedächtniszellen bzw. entsprechende Detektoren erzeugt. Übersteigt die Anzahl an ausgelösten Detektoren einen definierten Grenzwert, wird ein Warnsignal ausgelöst und der Analyzer-Agent kann die Firewall dazu veranlassen, bestimmte Datenpakete zu blockieren.[44] Ausgelöste Detektoren werden zudem im Anschluss geklont sowie Mutation und Kreuzung unterzogen. Ihre Effektivität wird geprüft und bei Eignung werden sie dem Gedächtniszellen-Detektoren Set hinzugefügt.

Die Verteilung der Detektoren auf die Hosts ermöglicht es, ein robustes und skalierbares System zu generieren. In den Hosts wirken drei unterschiedliche Agenten; Detektoren-Agenten, Gedächtniszellen-Agenten sowie die bereits beschriebenen Converter-Agenten. Die Detektoren-Agenten überprüfen alle eingehenden Datenpakete und unterscheiden durch ihre trainierten Detektoren-Sets zwischen Selbst und Nicht-Selbst. Passt ein Paket zu einem Detektor, so wird diese Anomalie mit Informationen zu Anzahl und Passgenauigkeit der aktivierten Detektoren an die zentrale IDS-Einheit zur weiteren Analyse übermittelt. Die Gedächtniszellen-Agenten

---

[44] vgl. Hosseinpour, F. et al. (2013): S.208-209

entsprechen der adaptiven Immunabwehr. Sie werden im Analyse-Agenten generiert und führen zu einer schnelleren Reaktion bei vergleichbaren Angriffen.[45]

In Experimenten erreichen Hosseinpour et al. (2013) mit diesem Modellaufbau eine Erkennungsrate bei Angriffen von 88,5 Prozent.[46]

4.2. Verschiedene Module verteilt auf zwei Schichten

Dutt, I., Borah, S. & I.K. Maitra (2020a) entwerfen in ihrer Arbeit ein alternatives Design eines IDS. Eine erste Schicht wird als Statistical Modeling based Anomaly Detection (SMAD) bezeichnet und entspricht dem angeborenen Teil des Immunsystems. Die zweite Schicht entspricht dem adaptiven Teil des Immunsystems und wird als Adaptive Immune-based Anomaly Detection (AIAD) bezeichnet.

Statistical Modeling based Anomaly Detection (SMAD)

- Preprocessing-I Modul
- Preprocessing-II Modul

Adaptive Immune-based Anomaly Detection (AIAD)

T-Zellen-Aktivierungsmodul

- User-Based Anomaly Modul
  - ➢ Off-Hours Access Detection Modul
  - ➢ Remote Access Detection Modul
- File-Based Anomaly Detection Modul
  - ➢ File Anomaly Type Detection Modul
  - ➢ File Parsing Detection Modul

Abb. 8: mögliche IDS-Architektur (eigene Darstellung)

Das SMAD der ersten Schicht besteht aus zwei Modulen (s. Abb. 8). Das Preprocessing-I Modul ist verantwortlich für das Aufspüren von Angriffen, indem es den eingehenden Datenverkehr auf Bedrohungen untersucht. Unproblematische

---

[45] vgl. Hosseinpour, F. et al. (2013): S.210
[46] für weitere Informationen zum Versuchsaufbau s. Hosseinpour, F. et al. (2013): S.212-213

Datenpakete werden in das interne Netzwerk, als potentiell gefährlich eingestufter Datenverkehr dagegen an das Preprocessing-II Modul weitergeleitet. Dieses stuft die Datenpakete als a) normal, b) am wenigsten verdächtig, c) moderat verdächtig und d) hochgradig verdächtig ein und kann eine Immunantwort auslösen, indem es verdächtige Datenpakete an die adaptive Immunabwehr, das AIAD der zweiten Schicht, weiterleitet. Im AIAD werden die Eigenschaften der Header und des Payloads des verdächtigen Datenverkehrs an das T-Zellen-Aktivierungsmodul weitergeleitet. Hier werden die Daten für die Analyse durch das User-Based Anomaly und das File-Based Anomaly Detection Modul weiter bearbeitet. Das User-Based Anomaly Detection Modul schickt die aufbereiteten Daten wiederum an das Off-Hours Access Detection und das Remote Access Detection Modul, welche entsprechend ihren Bezeichnungen Anomalien in der Uhrzeit und der Verortung des Datenzugriffs aufdecken sollen.[47]

Das File-Based Anomaly Detection Modul besteht ebenfalls aus zwei Untermodulen, das File Anomaly Type Detection und das File Parsing Detection Modul. Ersteres prüft die Integrität einer Datei, indem ihr einzigartiger Hash-Wert mit einer Datenbank abgeglichen wird. Dabei wird der Algorithmus der positiven Selektion, also der Akzeptanz bei Übereinstimmung, genutzt. Die Datenbank-Einträge entsprechen Antikörpern, Hash-Werte zu prüfender Dateien den Antigenen. Kommt es zwischen zu prüfender Datei und einem Datenbank-Eintrag zu einem Matching, also einer Übereinstimmung, wird die Datei akzeptiert und kann verwendet werden. Neue Dateien oder Änderungen an Dateien und das dadurch notwendig werdende anlegen neuer Hashwerte sind nur unter Zustimmung des System-Administrators möglich. Im File Parsing Detection Modul werden Dateien, deren Hash-Werte zu keinem Match mit einem Wert der Datenbank führen, auf bekannte Viren überprüft. Werden keine Viren gefunden, wird die Datei zur Verwendung freigegeben. Bei der Erstellung des Detektoren-Sets für das Aufspüren von Viren wird der Negativselektion-Algorithmus angewendet. Wie bereits im Kapitel zum Negativselektion-Algorithmus beschrieben, werden Detektoren, die auf die bereits bestehenden Dateien im System reagieren, zerstört. Somit verbleiben Detektoren, die auf Unbekanntes und somit potentielle Bedrohungen reagieren.[48]

---

[47] vgl. Dutt, I., Borah, S. & I.K. Maitra (2020a): S.34931-34932
[48] vgl. Dutt, I., Borah, S. & I.K. Maitra (2020a): S.34934-34936

4.3.   Datei-Endungen als Indikator

Bereits 2016 stellten Dutt, I., Borah, S. & I.K. Maitra einen alternativen IDS Aufbau vor. Dabei prüft die erste Schicht auf einem Host-Computer – die angeborene Immunabwehr – den zugesandten Dateityp. Wird eine Datei-Endung mit .doc oder .pdf festgestellt, wird die Datei akzeptiert. Alle anderen Endungen, insbesondere ausführbare Dateien mit den Endungen .exe und .bat, führen zu einer Warnung und anschließenden Weiterleitung zu einem in Abb. 9 dargestellten adaptiven Immun-Detektions-System. Dabei werden ihre Endungen zu .doc oder .txt geändert, wodurch die Gefahr, die von diesen Dateien ausgeht, durch die nicht mehr gegebene unmittelbare Ausführbarkeit, minimiert wird. Kommt es zu einer Änderung, wird zudem ein Warnsignal ausgelöst und ein B-Zellen-Aktivierungs-modul wird aktiviert, welches die entsprechende Datei analysiert und Daten wie Name und Ankunftszeit der Datei in einer Tabelle speichert. Wird nach Zerteilung und Analyse Schadsoftware festgestellt, wird ein T-Zellen-Aktivierungsmodul aktiviert, welches die bedrohliche Datei zerstört. Aufgrund der Tabelle des B-Zellen-Aktivierungsmoduls sind einige Kennzahlen zu der Datei weiterhin verfügbar. Experimente demonstrieren, dass die dargelegte Methode effizient Schadsoftware identifiziert.[49]

---

[49] Vgl. Dutt, I., Borah, S. & I.K. Maitra (2016): S.20-22

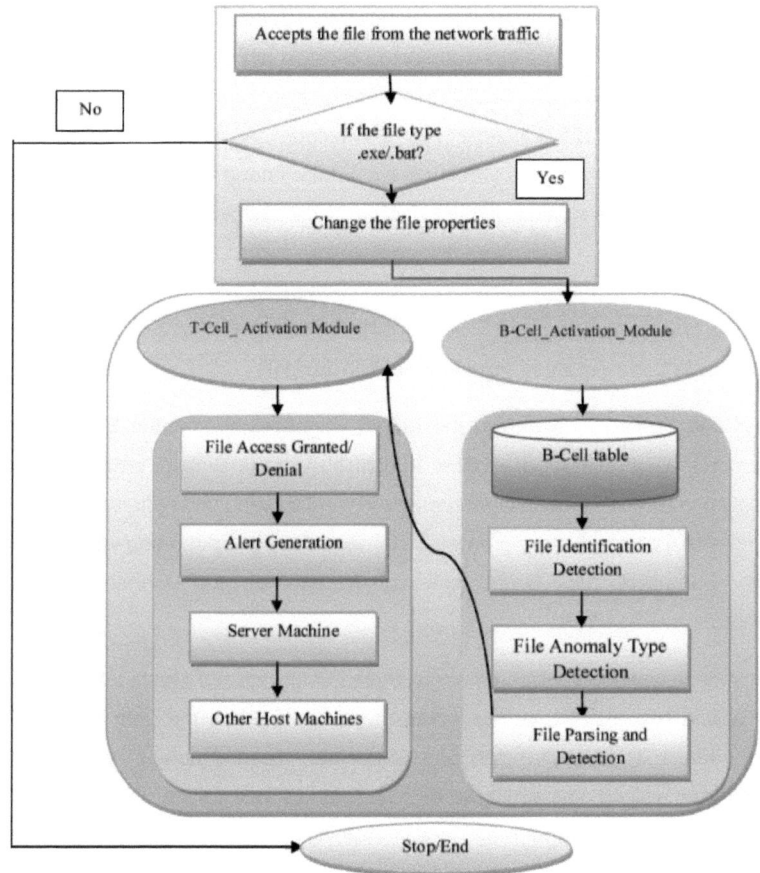

Abb. 9: mögliche IDS-Architektur (entnommen aus Dutt, I., Borah, S. & I.K. Maitra (2016): S.21)

Kephart[50] stellt einen ähnlichen Ansatz für ein Künstliches Immunsystem vor. Entsprechend der angeborenen Immunabwehr werden eingehende Daten mit ausführbaren .com oder .exe Dateien zunächst lokal auf einem IT-System auf bekannte Schadsoftware überprüft. Kommt es zu keinem Warnsignal, wird die Datei zur weiteren Analyse an eine zentrale Prozess-Einheit gesendet. Dort werden potentielle Bedrohungen in der Datei in einer kontrollierten Umgebung zur Entfaltung angeregt, um in einer weiteren Analyse insbesondere die Signaturen

---

[50] Kephart, J.O. (1994); Kephart, J.O., Sorkin, G.B. & M. Swimmer (1997); Kephart, J.O. et al. (1998)

kenntlich zu machen. Dies geschieht mittels Klon-Selektion, bei der eine große Menge an willkürlichen Signaturen kreiert und diese mit denen der untersuchten Datei verglichen werden. Ein positives Matching, also eine Übereinstimmung der Signaturen, bedeutet die Existenz von Schadcode. Anschließend wird in der zentralen Prozess-Einheit eine Reaktion zur Eindämmung entworfen und an das angegriffene IT-System weitergeleitet, wodurch die Schadsoftware dort entfernt werden kann.[51]

4.4. LISYS zur Analyse von TCP-Verbindungen

Hofmeyr und Forrest[52] entwarfen mit LISYS (Lightweight Immune SYStem) ein Plattform- und Software-übertragbares Künstliches Immunsystem, welches sowohl Host- als auch Netzwerk-basiert implementiert werden kann und mittels der Analyse des durch Nutzerverhalten generierten Datenverkehrs zur Erkennung von Angriffen beiträgt. Es nutzt den Negativselektion-Algorithmus zur Generierung von Detektoren.

Bei der hier beispielhaft beschriebenen Implementierung auf Hosts ist LISYS auf jedem Computer eines Netzwerkes installiert, erfasst Quellen und Ziele von ein- und ausgehenden TCP SYN Paketen und übermittelt diese Daten an alle anderen Computer des Netzwerkes sowie an eine zentrale Einheit. Diese wertet die Daten mittels Detektoren aus und mailt einem Administrator, sobald eine neue TCP Verbindung aufgebaut wurde. Durch die Implementierung auf Hosts entsteht eine hohe Diversität an Detektoren, da jeder Host das Selbst und Nicht-Selbst während der Trainingsphase unterschiedlich definiert.

Für die Definition normaler Verbindungen werden die Quell-Host IP Adresse, die Ziel-Host IP Adresse und eine TCP Service Nummer (Port) aus den TCP/IP Paket-köpfen extrahiert. Ein Warnsignal wird ausgelöst, sobald eine vorab zu definierende Aktivierungsschwelle erreicht ist. Besonders effektive Detektoren mit zahlreichen ausgelösten Warnsignalen werden zu Gedächtniszellen mit einer geringeren

---

[51] vgl. Timmis, J. et al. (2004): S.83; vgl. Dasgupta, D. (2006): S.46
[52] Hofmeyr, S. & S. Forrest (1999)

Aktivierungsschwelle weiterentwickelt und ermöglichen künftig eine effizientere Immunantwort.

In ersten Tests zeigte LISYS vielversprechende Resultate in der Detektion von Angriffen.[53]

4.5. Weitere Ansätze

Bejoy, B.J. & Dr. S. Janakiraman beschreiben eine ganze Reihe weiterer IDS Modelle mit Künstlichen Immunsystemen und verweisen auf deren Autoren für eine tiefergehende Befassung.[54]

5. Fazit und Ausblick

Seit den 1980er Jahren befassen sich Computerwissenschaftler mit dem biologischen Immunsystem, auf der Suche nach besseren Lösungen für Probleme der Informationstechnik. Insbesondere Charakteristiken wie die autarke Funktionsweise, die Anpassung durch Mutation sowie das Lernen durch das Immun-Gedächtnis haben Forschende auf Künstliche Immunsysteme zu über-tragen versucht. Künstliche Immunsysteme finden in verschiedenen Bereichen Anwendung, unter anderem in Data Mining, Vorschlagssystemen bei Präferenz-Suchen und in der Cyber-Sicherheit.[55]

5.1. Bestehende Herausforderungen

Im Bereich der Cyber-Sicherheit bestehen große Herausforderungen in der Anwendung von Künstlichen Immunsystemen. So ist die Effizienz des Algorithmus´ der Negativselektion zur Erkennung von Anomalien limitiert, wenn das zu überwachende Netzwerk größer und damit die Definition von Selbst und Nicht-Selbst komplexer wird. Ein die Gesamtheit abdeckendes Detektoren-Set würde

---

[53] vgl. Kim, J. et al. (2007): S.427-428; vgl. Dasgupta, D. (2006): S.46
[54] vgl. Bejoy, B.J. & Dr. S. Janakiraman (2017): S.89-91
[55] vgl. Aickelin, U. & D. Dasgupta (2005): S.26-27; vgl. Dasgupta, D. (2006): S.48

hohe Rechenleistung in Anspruch nehmen. Da das Selbst konstant Änderungen erfährt und zudem nur ein geringer Teil des Nicht-Selbst eine Gefahr darstellt, ist es ineffizient, das gesamte Selbst und Nicht-Selbst zu definieren.

Neben der problembehafteten Skalierbarkeit führen auch eine geringe Erkennungsrate von Insider-Angriffen sowie eine hohe Falsch-Positiv-Rate, da alles Nicht-Selbst als Angriff wahrgenommen wird, auch wenn ein Datenpaket lediglich unbekannt, jedoch nicht gefährlich ist, zu Herausforderungen bei der Nutzung von Anomalie-basierten IDS.

Die Gefahren-Theorie löst diese Probleme teilweise auf. Die Herausforderung liegt hier jedoch darin, kritische von zahlreichen unkritischen Warnsignalen zu unterscheiden. Warnsignale können bspw. durch Anomalien in Mustern von Netzwerkdatenverkehr, ungewöhnliche Beendigungen von Betriebssystem-Prozessen, ungewöhnliche Nutzung von Speicher sowie durch Versuche unautorisierten Datenzugriffs ausgelöst werden. Dabei dürfen Sicherheitsbeauftragte die relevanten Sicherheits-Ereignisse inmitten zahlreicher unkritischer Warnhinweise nicht übersehen. Erschwerend kommt hinzu, dass einige Angreifer ihre Angriffe in sehr kleine, unkritisch wirkende Schritte unterteilen und erst das Gesamtmuster einen kritischen Angriff erkennen lässt.[56]

5.2. Verbreitete Skepsis unter Experten

Timmis, J. et al. (2004) bemängeln die große Anzahl unterschiedlicher Algorithmen zu Künstlichen Immunsystemen, die es erschweren, einen einheitlichen, sinnvollen Ansatz mit generellen Problemlösungsfähigkeiten zu erstellen. In ihrem Aufsatz formulieren sie keine abschließende Bewertung, ob ein einziger Algorithmus, dessen Mechanismus allgemein bekannt ist, der jedoch restriktiv alternative Entwicklungen unterbindet, sinnvoller ist als eine Vielzahl an Algorithmen, die die Potentiale des Konzeptes Künstlicher Immunsysteme besser erschließen, von

---

[56] vgl. Aickelin, U. & D. Dasgupta (2005): S.23-24; vgl. Kim, J. et al. (2007): S.441-442; vgl. Timmis, J. et al. (2008): S.23

Anwendern jedoch erfordern, dass diese den für die eigene Problemstellung passenden Algorithmus erkennen.[57]

Zahlreiche weitere Autoren sehen Anpassungsbedarf im Modellaufbau. So plädieren Parrend P. et al. (2018) dafür, den Lernprozess des Künstlichen Immunsystems durch einen menschlichen Experten zu überwachen und zu verstärken.[58] Shivers, M., Llanes, C. & M. Sherman (2019) bezeichnen Künstliche Immunsysteme als ungeeignet zur Entdeckung von Angriffen, jedoch können sie eingesetzt werden um den Auswirkungen eines Angriffes entgegenzuwirken und diese zu begrenzen. Dies zeigen sie am Beispiel eines unbemannten Luftfahrzeugs.[59] Al-Sharhan, S. (2010) ergänzt die Künstlichen Immunsysteme durch eine Reihe verschiedener soft-computing Techniken, d.h. Techniken mit lediglich approximativen Lösungsverfahren, zu Hybriden Systemen. Diese sollen durch Synergie-Effekte zu einem höheren Sicherheitsstandard führen.[60] Jun Fu et al. (2012) wiederum erläutern in ihrem Aufsatz die Probleme des Auslösens von Gefahren-Signalen bei der Gefahren-Theorie, da bspw. Spyware ihre Präsenz und ihre Aktionen erfolgreich verbirgt. Als Lösung sehen sie Köder, welche die Spyware zu Aktivität anregen und somit die Spyware enttarnen könnte.[61]

Generell ist die Bewertung der Fähigkeiten von Künstlichen Immunsystemen in IDS aufgrund der hier genannten Bedenken sowie der weiter oben beschriebenen, zahlreichen Erfolge einzelner wissenschaftlicher Ansätze also nicht eindeutig.

5.3. Abschließende Bewertung

Es bestehen sehr unterschiedliche Ansätze zur Nutzung von Künstlichen Immunsystemen in IDS, von denen einige in dieser Arbeit beispielhaft vorgestellt wurden. Zahlreiche Modelle bieten erfolgversprechende Resultate in der Erkennung von Angriffen. Nachteile können ein hoher Ressourcenverbrauch und eine begrenzt mögliche Skalierbarkeit darstellen.

---

[57] vgl. Timmis, J. et al. (2004): S.85
[58] vgl. Parrend P. et al. (2018): S.307
[59] vgl. Shivers, M., Llanes, C. & M. Sherman (2019): S.12-13
[60] vgl. Al-Sharhan, S. (2010): S.122
[61] vgl. Jun Fu et al. (2012): S.126 u. S.137

Die bereits von Dasgupta (2006) genannten Voraussetzungen für eine erfolgreichere Verbreitung und Anwendung Künstlicher Immunsysteme, wie die Verbesserung der Effizienz der Algorithmen sowie die Entwicklung einer einheitlichen Architektur, welche in der Lage ist, mehrere Modelle Künstlicher Immunsysteme zu integrieren, scheint weiterhin aktuell zu sein.[62]

Eine Analyse der Leistungsfähigkeit der beschriebenen Modelle in praktischen Anwendungen sowie eine Befassung mit Modellen auf Basis der Immun-Netzwerk- und Gefahren-Theorie, konnten im Rahmen dieser Arbeit nicht geleistet werden. Insofern sind die Ergebnisse dieser Arbeit als eine Annäherung an das Thema der Künstlichen Immunsysteme mit einer Vermittlung der Grundlagen anzusehen und eine abschließende Bewertung steht noch aus.

---

[62] vgl. Dasgupta, D. (2006): S.48

Literaturverzeichnis

Al-Sharhan, S. (2010): Artificial Immune Systems - Models, Algorithms and Applications. In: International Journal of Research and Reviews in Applied Sciences (3), S.118-131

Aldhaheri, S. et al. (2020): DeepDCA: Novel Network-Based Detection of IoT Attacks Using Artificial Immune System. In: Applied Sciences. 2020; 10(6):1909. DOI: https://doi.org/10.3390/app10061909

Aickelin, U. & S. Cayzer (2002): Danger Theory and its Applications to AIS. In Proc. of the Second Internation Conference on Artificial Immune Systems (ICARIS-02), pages 141–148.

Aickelin, U. & D. Dasgupta (2005): Artificial Immune Systems. In: Burke E.K., Kendall G. (eds) Search Methodologies. Springer, Boston, MA.

Bejoy, B.J. & Dr. S. Janakiraman (2017): Artificial Immune System Based Intrusion Detection Systems. A Comprehensive Review. In: International Journal of Computer Engineering & Technology, 8(1). S.85-95.

Burnet, F.M. (1959): The Clonal Selection Theory of Acquired Immunity. Vanderbilt University Press, Nashville. http://dx.doi.org/10.5962/bhl.title.8281

Dasgupta, D. (2006): Advances in Artificial Immune Systems. In: IEEE Computational Intelligence Magazine (November 2006), S.40-49

De Castro, L.N. & J. Timmis (2002): Artificial Immune Systems: A New Computational Intelligence Approach. Springer. S.57-58

De Castro, L.N. & F.J. von Zuben (2002): Learning and Optimization Using the Clonal Selection Principle. IEEE Transactions on Evolutionary Computation, 6, S.239-251, 2002

Dutt, I., Borah, S. & I.K. Maitra (2016): Intrusion Detection System Using Artificial Immune System. In: International Journal of Computer Applications (0975 – 8887) Volume 144 – No.12, June 2016, S.19-22

Dutt, I., Borah, S. & I.K. Maitra (2020a): Immune System Based Intrusion Detection System (IS-IDS): A Proposed Model. In: IEEE Access, Vol. 8. S.34929-34941.

Farmer, J., Packard, N. & A. Perelson (1986): The Immune System, Adaptation, and Machine Learning. Physica 22(2), S.187–204

Forrest, S. et al. (1994): Self-Nonself Discrimination in a Computer. In: Proceedings of the 1994 IEEE Symposium on Research in Security and Privacy, S.202-212

Haidar, A.A. et al. (2013): The Artificial Immune Systems Domain: Identifying Progress and Main Contributors Using Publication and Co-Authorship Analyses. In: Proceedings of the ECAL 2013: The Twelfth European Conference on Artificial Life. Sicily, Italy. (S.1206-1217). DOI: 10.7551/978-0-262-31709-2-ch185

Hofmeyr, S. & S. Forrest (1999): Immunity by Design. In: Proceedings of GECCO, S.1289-1296, 1999.

Hosseinpour, F. et al. (2013): Distributed Agent Based Model for Intrusion Detection System Based on Artificial Immune System. In: International Journal of Digital Content Technology and its Applications (Vol. 7, No. 9), S.206-214. DOI:10.4156/jdcta.vol7.issue9.26

Jerne, N. (1974): Towards a Network Theory of the Immune System. Ann Immunol (Paris), 125(1-2). S.373-389

Jun Fu et al. (2012): Bait a Trap: Introducing Natural Killer Cells to Artificial Immune System for Spyware Detection. In: Artifical Immune Systems. 11th International Conference. S.125-138. Springer, Heidelberg.

Kephart, J.O. (1994): A Biologically Inspired Immune System for Computers. R. A. Brooks & P. Maes (Eds.), Artificial Life IV Proceedings of the Fourth International Workshop on the Synthesis and Simulation of Living Systems, MIT Press, S.130-139.

Kephart, J.O., Sorkin, G.B. & M. Swimmer (1997): An Immune System for Cyberspace. Proc. of the IEEE SMC'97, S.879-884.

Kephart, J.O. et al. (1998): Blueprint for a Computer Immune System. In: Artificial Immune Systems and their Applications. Ed. D. Dasgupta. S.242-260. Springer Verlag.

Kim, J. et al. (2007): Immune System Approaches to Intrusion Detection – A Review. In: Natural Computing 6 (4), S.413–466. DOI: 10.1007/s11047-006-9026-4

Kusyk, J., Uyar, M.U. & C.S. Sahin (2018): Survey on evolutionary computation methods for cybersecurity of mobile ad hoc networks. In: Evolutionary Intelligence (2018) 10, S.95–117. DOI: 10.1007/s12065-018-0154-4

Matzinger, P. (1994): Tolerance, Danger and the Extended Family. In: Annual Review of Immunology, 12:991-1045, 1994.

Matzinger, P. (2001): The Danger Model in Its Historical Context. In: Scandinavian Journal of Immunology, 54: 4-9, 2001.

Mohammadi, M. et al. (2012): A Real Time Anomaly Detection System Based on Probabilistic Artificial Immune Based Algorithm. In: Artifical Immune Systems. 11th International Conference. S.205-217. Springer, Heidelberg.

Mostardinha, P. et al. (2012): A Negative Selection Approach to Intrusion Detection. In: Artifical Immune Systems. 11th International Conference. S.178-190. Springer, Heidelberg.

Parrend P. et al. (2018): Artificial Immune Ecosystems: the role of expert-based learning in artificial cognition. In: Journal of Robotics, Networking and Artificial Life, Vol. 4, No.4, S.303-307. DOI: 10.2991/jrnal.2018.4.4.10

Read, M., Andrews, P. & J. Timmis (2012): An Introduction to Artificial Immune Systems. In: Handbook of Natural Computing (Hrsg: Rozenberg, G., Bäck, T. & J. Kok), S.1575-1597

Shivers, M., Llanes, C. & M. Sherman (2019): Implementation of an Artificial Immune System to Mitigate Cybersecurity Threats in Unmanned Aerial Systems. IEEE International Conference on Industrial Internet (ICII) 2019, S. 12-17, DOI: 10.1109/ICII.2019.00013

Timmis, J. et al. (2004): An Overview of Artificial Immune Systems. In: Paton R., Bolouri H., Holcombe M., Parish J.H., Tateson R. (eds): Computation in Cells and Tissues: Perspectives and Tools for Thought. Natural Computation Series. Springer, Berlin, Heidelberg, S. 51-91. DOI: 10.1007/978-3-662-06369-9_4

Timmis, J. et al. (2008): Theoretical Advances in Artificial Immune Systems. In: Theoretical Computer Science, Vol. 403 (2008), S.11-32. DOI: 10.1016/j.tcs.2008.02.011

Abbildungsverzeichnis